어디로 가고 있다

제2시집

어디로 가고 있다

홍희숙 시집

세종출판사

시인의 말

쉬어가는
여행길에서
봄, 여름, 가을, 겨울을
불태우다
향기로운 꽃으로 남아
아무도 모르게 사라져도
나로 인해
잠시 행복했다면
무슨 아쉬움이 있으리

▌차례 ▌

1부

2부

3부

4부

해설

1부

선물

봄꽃
앞다투어 피는데

화단에
두고 간 군자란
어둠에 싸인
숨소리 먹먹하다

살포시
보듬어 싸안고
정성껏 마음을 주었더니

고운 숨결로
연둣빛 꽃대를
올리고

세상에 하나뿐인
귀한 선물을 안겨준다

가벼운 생각이여

가을 하늘은
저토록 맑고 여유로운데
응급차는 허공을 울리고 달린다
검은 향기에 숨찬 가슴
의사는 생명줄을 이어놓고
알 수 없는 동의서를 내민다

연명 선상에서
하루가 소중한 산소호흡기 줄을 안고
사는 목숨 앞에서
눈물마저 의미가 없다

창밖
억새꽃 코스모스 구절초
모과 향기가
잠시 통증을 멈추게 하더니
말 없는 사이에
희끗한 바람이 스치고
빈 침대 바다처럼 넓다

사는 것이 벅차
산을 오른다
세찬 바람을 안고
동안거에 든 고목을 바라보며
당신과 걷고 싶어 울고 있다
가벼운 생이여

너에게

말없이 지켜주고 떠난
너에게 쓰네
바람을 안고
추운 나무들의 울음을 안고
너에게 쓰네

난 알아,
마지막 이별이 두려운 너
하루라도 더 살기 위한 몸부림
보는 것만으로도
가슴 찢기는 고통,
눈물도 말라버렸어

미안해,
난 지금 웃고 있어
왜 웃어야 하는지 몰라

말 한마디 못하고 떠나버린
사람아,

잊을 수 없는 사람아,
그리 급했니,

매일 잠 못 드는 나를 위해
말해줘,
울지 말고 웃으며 살라고

따스한 가슴으로 말해 줘
간절히 기도해 줘

그래
부끄러운 줄도 알고
웃으며 살게

눈에 보이지 않으면 멀어진다 했던가
더 그리운데
더 선명한데

좀 더 잘해줄 걸 그랬어
미안해,
사랑해,
가슴 숭숭 뚫린 구멍으로
낯선 바람이 들어오는 밤

시의 등불을 밝히고
누구를 용서 못하면
병이 될까 두려워
골 깊은 응어리를
하얗게 풀어헤치고
훨훨 날아볼까 싶어

시로 풀었어

여기까지 오는 시간
그토록 길었는가

어젯밤
꿈속에서 속삭이던 말
늦가을 들국화처럼 향기로워
미운 정, 고운 정
보석처럼 간직할 게
내일 또
모래도 영영,

소외된 공간

낙동강이 보이는
커피숍에 앉아
세상에서
가장 낮은
천막집을 보네

누가 사는지
얼마나 아팠을까

해가 기울고
지붕이 기울고
어둠에 갇힌 창
더덕더덕
눈물로 얹힌 지붕 사이로
바람이 지나가고
빗물이 스며드네

그래도 손바닥만 한 텃밭에
반짝이는 햇살이

들어앉고
파릇파릇
살아 숨 쉬는 소리 들리네

갈대

너를 향하는
마음이 두려워
갈대는 흐느낀다

사지도 팔지도
못하는
마음 하나
오로지
버팀목이 된 다리

더는 초라해지기 싫은
갈대는
밤새도록 울다
아무도 모르게
쓰러진다

말할 걸 그랬어

너에게 말 할 걸 그랬어

입안에 오물거리며
아끼고 아낀 말
보고싶어
때 늦은 눈물 흘리는

맑고 빛나는 그 말
이제 알았어

말하고 나면
저 멀리 날아갈 것 같은

그 사랑
가슴에 심어줄 걸 그랬어

그리운 건
나중에 말하나 봐

사랑놀이

상상만 해도
가슴 터질 듯
숨 쉬기도 벅차
눈부시게 부서지고 싶어라

불타는 눈빛 마주하면
봉긋 솟아오르는 꽃몽오리
스치기만 해도
꼿꼿이 서는 바람이여
꽃잎에 둘러싸여
아슬하게 놀다
벌써 나를 잊었는가

아직,
살아 숨 쉬는 기쁨이여

새하얀 성벽에
원색 향기로
붉은 꽃을 그려 놓고

혼불로 초대하면
네 안에
뿌리를 내릴 수 있을까

마음을 열면

창밖은
빛으로 가득한데
눈 뜨고
사물이 보이지 않아
꽁꽁 언 땅에서
눈 감고
절벽을 허무는
무의식

새로운 세계로 가는
아침 숲에서
어둠을 딛고
일어 설 사람아
초조하지도
두려워하지도 말자

말이 없어도
뜨겁게 오가는 마음
언제라도

마음을 활짝 열면
푸른 바다가 보이는데
왜, 잠이 들었나

그리움
그리움을 달랜다

어디로 가고 있다 1

나도 모르게
바람 따라
어디로 가고 있다

너를 잊은 채
하늘을 보며
어디로 가고 있다

나를 만나러
달나라 별나라
어디로 가고 있다

너를 만나러
빛을 향해
어디로 가고 있다

어디로 가고 있다 2

비몽사몽
식은땀을 흘리며
어디로 가고 있다

바람은
나를 흔들고
철석, 철석,
고래 등을 타고
어디로 가고 있다

나답게
사는 것도 벅찬 세상
나를
어디에 놓아두고
먼 여행자가 되어
어디로 가고 있다

안개

내가 가는 길은
너와 나
간격을 좁히는 일

수십 리 밖을 떠돌다
오지 않는 봄을 기다리며
겨울이 가는 줄도 모르고
통증을 감내하며
좁히지도 못하고
쓰러져 잔다

이제
먹구름이 가로막으면
신나게 노래 부르며
가면 돼
가다 보면
서서히 안개 사라지고
어느 종점에서 만날 수 있으리니

그리운 건 멀리 있나 봐

무작정 산으로 간다
생각나면
정처없이 산으로 간다

허공중에 떠도는 구름
그대, 어디에 있나요?

문득, 문득,
떠오르는 미소
가슴 지지는 아픔
언제쯤 이 산에 오는지?

빈 의자에 앉아
하늘을 바라본다
허공중에 떠도는 구름
그대 얼굴을 그려주는 듯

그리운 건 멀리 있나 봐

그냥 쓴다 1

재깍, 재깍,
시계는 제 갈 길을 가는데
나는
텅 빈 바다
한가운데에 우두커니 서 있다
어디로 가야할까
한 발, 한 발,
갯벌에 빨려드는 것처럼
나른한 몽환의 시간

너에게 가는 동안
아무 일 없는 것처럼
헤프게 웃다가
자분자분
티 없이 웃기도 하다가

마른 갯벌에
푸른 샘처럼 고여 있는 수액

너는 가까운 듯 먼 수평선
나는 오아시스를 찾는
사막이지만
너와 나
종착역에서
별을 만나 볼 수 있을까

그냥 쓴다 2

창밖은
빛으로 가득한데
붉은 꽃에 덮인
오늘이 어제인지
어제가 오늘인지
비몽사몽
세로토닌에 취해
낮과 밤의 경계에서
어제는 먹기 위해
오늘은 살기 위해
꾸역꾸역 삼키는 아이러니

말이 무참한 날
하늘은 온통 회색 빛
너와 가까이 있으면
섬이 되는 나
불덩이를 안고 놀다
너를 만나면
무슨 말을 해야 하나

그 얼굴

비 오다 개인
아침,
마음 둘 곳이 없어
안개 낀 바다로 간다

그 얼굴
떠오르다 사라지고
사라지다 떠오른다
바람처럼
수평선 너머로
쓸려가는 마음

바위 끝에 홀로 서 있는
등대처럼 운다

기다리는 순간이
숨 막혀
모래 위에
보고 싶다는 말
자꾸 쓴다

파도처럼

그대가 떠난
바다에서
미친 듯이 울었다
미친 듯이 웃었다

울어도 대답 없는 얼굴
웃어도 대답 없는 얼굴

철썩철썩
하얗게
제 몸 부수며 노래하는
파도처럼
수평선 너머
비상을 꿈꾸며
철썩철썩
다시 일어서는
파도처럼 울었다
하얀 물거품을 날리는
파도처럼 웃었다

외딴 섬에서
파도처럼 차라리
푸른 날개를 달고
살고 싶다

멀리 있는 별

상상만 해도
설레는

만지지 못해
애태우는

너무나
먼 곳에 있어
더 그리운

해가 뜨나
달이 뜨나

비가 오나
눈이 오나

너무 그리워
눈물 나게 하는 별

왜 그토록

사랑한다는 말
보고 싶다는
말

그립고
그리웁단
말

왜, 그토록
아끼며 살았을까

2부

가까이 있어도 멀리 있는 너

하늘은 푸른데
낯선 찻집에 앉아
너는 울고 있는데
나는 웃고 있네

다정한 눈빛조차
서로의 가슴에 닿지 않아
불빛이 싸늘해지네

사방 어두운 창밖
수많은 새들이
사랑해,
사랑해 속삭이다가
가랑비에 덧없이
사라지네

가까이 있어도
멀리 있는 너

그믐달

들녘에서 놀던 때가
엊그제인데

사그라드는
숨소리가

생의 무게를
들어내는 듯

산 능선을 넘어가는
저녁해처럼
바다에서 흩어진다

노을빛
미소만 남겨둔 채

어디로

지상에는
빛으로 가득 찬데

멈추지 않는 바람은
어디로

떠도는 구름은
어디로

갯벌 위에 누워 있는
갈대를
넋을 잃고 바라본다

끝이 없는 길

어디로 갈까
길이 있는 곳
어디에
꽃이 필 것만 같아
바람을 타고
물 흐르는 곳으로 간다

꽃밭에서
너를 만나면
무슨 말을 할까
꽃병에 꽂을 수 없는 꽃
미소가 낯설다

어디로 갈까
어디서 머무를까

하늘이 열리고
바다가 보일 것 같아
외딴 섬으로 간다

무지개가 펼쳐지고
하늘 높이 날아오르는 새

너와 나의 가슴이 뛴다

꽃 소금

바다의 거친 숨결로
청정 수려한 꽃을 보아라

하늘을 향해
솟구쳐 오르고
있지 않느냐

끝없는 불길
한순간도
포기하지 않고

지상의 슬픔을
짊어지고
땀방울을 숙성시킨

눈물이
화엄의 세계를
펼치는
저 청정하고
엄숙한 꽃을 보아라

나는 누구일까

나무는
안개 속에서
서로가 다정한데
시를 흔들고
나를 흔들고
나는
매미처럼 가슴을
불 지르고
누구를
사랑한 적 있나

나는 누구일까

가시연꽃이 환하다

너와 나
다른 이름으로 만나
아지랑이 피어나는
꽃밭에서 꿈을 꾸네

나폴나폴 춤추며
꽃물 드는 동안
천둥번개 몇 개 지나갔나
계절을 잊은 채
초록 들판으로 달려간다

나를 찾아
창공을 날아가며
구름을 벗어나는 순간

눈 감고 있어도
가시연꽃이 환하다

어디로 갈까

반복되는 초침은
터널 안에 갇혀 있다

눈 부릅뜨고 달리는 차
하이에나 살인 같아
어디로 갈까
현란한 불을 안고
마네킹이 되어
아모르 춤을 출까
햄버거, 돈까스, 스테이크
웃는 치킨을 먹을까

몰약을 먹은 곳에서
꿈꾸다 만
망상이 몇 날이었나
봇짐 하나 달랑 메고
달빛 따라 갈까
내일은
어디로 갈까

연민

여전히 비는 오고

사람 붐비는 길에서
몇 고비 넘기고
절뚝거리며
끌고 오는 신발
얼마나 닳고 닳았는지
신호등 앞에서
그만 덜커덩 주저앉고 만다

빨간불이 켜지고
울컥
쏟아지는 비
그 비를 맞고
와락 껴안고 싶은
그대
눈에 노을빛 눈물이
바다처럼 출렁인다

마음을 열면

파랑새가
꽃에 앉아 꿈을 꾼다
깃털이 닿는 순간
환희에 차오르는
실핏줄

불꽃 축제는 끝나고
사랑할 사물이 보이지 않아
허기진 영혼이
빛과 어둠을 오가며
너는 먼 곳에서
나를 잊은 것이고
나는 가까이에서
너를 기억하겠네

마음을 열면
시가 머무는 풍경이
가슴 안에 들어오고
언제나 푸른 바다인데

처음처럼 닮아가고 있었네

너와 나
한곳을 바라보면서도
서로 다른 생각으로
흔들리다가
서성이다가

물방울이
꽃잎에 닿을 듯

먼 기억으로
옛노래 흥얼거리며
숲길을 나란히 걸어가는
번민마저 밉지 않으니
처음처럼 닮아가고 있었네

별은 하늘에서 뜨지 않는다

초저녁 하늘에
별이 하나 둘 모이네

나의 별
너의 별

별을 헤아리며
숨바꼭질하던 어린 시절

언제부턴가
별을 잊고 살았네

오늘
그 별이
그때처럼 반짝이네

별은 하늘에서
뜨는 게 아니었네

왜 하늘은

왜, 하늘은 말이 없을까

꽃자리를 펼쳐놓은
하늘 아래
한가로이 노니는
미물들의 초원
부끄럼 없는 순수가
검은 공기 속으로 스며든다

존엄을 잃어버린
동물들의 끝없는
욕망
누가 유혹한 심판인지

살아있는 영혼이
층층 계단을 오르내리는
숨 막히는 삶의 무게
허공에 던져진 채
잃어버린 낙원을 찾아가는

기도가
더 높고 눈부신 말씀인가요

가까운 듯 먼 하늘이시여

바람

누가 풀어놓았나

나를 더듬고
드넓은 곳을 향해
사람 붐비는 곳으로 간다
마주친 미소가 낯설다

멈추지 않는 이 마음
어느 곳에 가기 위해
여기까지 왔나

아슬아슬한 절벽에서
솟아오르는 생명이여,

너를 찾아가는 여행은
막막한 길에서

구름에서 벗어나
나를 지우는 순간
내 안에서
돋아나는 무성한 잎

누구일까 1

너와나
마주 앉아
이야기를 하다가
말이 무참해지는 날
나무는 보이지 않고
하늘은 온통
회색 빛
낯선 거리를 헤매다
돌아선 길에
너는 거기에 있고
나는 여기에 있네

누구일까 2

창을 열면
손에 닿을 듯
가까이 와 있는
산
하늘을 보고
꽃을 보고
그냥 웃으며
바람 따라 가보지만
인간의 소리만 들릴 뿐
손에 잡히는 것
아무 것도 없다

나는 누구일까

3부

꿈

창을 열고
누군가를 위해
물을 끓인다

어디서 날아 왔는지
나뭇가지에 앉아
손짓하는 그 강렬한 눈빛
나도 모르게
초록 들판으로
달려간다

눈부신 창공
바람의 옷을 입고
숨이 멎을 듯 춤을 춘다
환희에 찬 순간
축제 꽃은 흩날리고
파랑새는
어디로 날아갔는지

빈 둥지를 안고 있는 나

설란을 그리며

눈 쌓인 산골
허공에 걸어 둔
그대
고독을 녹이며
살을 파고드는
눈보라를 맞으며
살았는가,

휘어져도 꺾이지
않는
지고한 눈물로
살았는가,

달빛 속을 걷다가
그대를 그린다
거침없는 한 획인데
두 갈래로
갈라지는 마음
화선지에
고고한 그림자로
남아 있다

잠시 잠깐

봄바람에
부푼 꽃망울
너를 탐하는
굶주린 허기가
심장에 불을 지핀다

너에게
건너갈 수 없어

충혈된 꽃불
개울물에 몸 담그니
꽃물 뚝뚝 떨어진다

잠시 잠깐
꽃 필 때나
꽃 질 때나
지독히 아픈 갈증
에로스의 신비여

운수 천에 오시려거든

하늘 가까운
천년 고찰
운수사를 끼고 흐르는
운수 천에 오시려거든

마음이 맑은 사람은
오지 마시라
그래도
구태여 오시려거든
눈을 감고
귀를 닫고 오시라
물소리
새소리
바람 소리
숲에 취해
말을 잃을까 싶어

하늘 보기가
부끄러운 사람이

행여 오시려거든
옷, 다 벗고 오시라
계곡 맑은 물속에
둥둥 떠다니는
구름이 보일까 싶어

운수 천에 앉아 하늘을 보네

맑은 영혼 어디에 있는가

사는 것
아무것도 아니라지만
생각하며
생각하며 걷는다

상처가 꽃이 될 때까지
욕망의 현을 두드리며
숲길을 걷고 또 걷는다

단 몇 초,
꽃자리가 펼쳐지고
불끈불끈 치솟는 짐승의 피
너를 지우기 위한
농익은 정욕이라 해도 되나

애잔한 생, 생을
이미 정해진 각본대로 산다면
꼭두각시로 매 순간 눈물이지

꽃망울 터질 때

가만히 있어도
너는 온다

말하지 않아도
꽃빛으로 온다

두드리지 않아도
살며시 열리는 물

은은한 별을 안고
나비처럼 온다

고요 속에서
막차를 타고 온나

고독을 머금고
혼불로 너는 온다

겨울새

해가 뜨기 전
늘 산으로 귀를 열고
노래 부르며
놀던 때가
엊그제인데

퐁퐁 날아오르는
하얀 새

겨울비 내리는
산사
대웅전 처마 밑에 앉아
빈 둥지를 바라보는
겨울새
젖은 눈빛 애잔하여라

빌딩 숲
회색 거리에서
너도 모르고

나도 모르고
이방인처럼 스치고 갈
사람아,
문득 보고 싶어라

시

눈이 어둡고
귀가 멀어

추상을 하다가
백치의 길을 간다

그림자 없는
길이 적막이다

나를
예리한 칼 끝에
올려놓고

너에게 닿으면
재가 되어도
좋으리라

눈물일까

한 방울도
손에 담을 수 없는
눈물

여태껏
무얼 움켜쥐고 살았나

옷을 말리다가
뚝 떨어진 동전

누가 흘린 눈물일까

눈꽃 송이

잠시 잠깐
꽃 한 번 피우려고
얼었다
녹았다
하얗게 웃는 얼굴
절정을 넘어 섰나

우듬지에 핀
눈꽃 송이

억새꽃

겨울로 가는 낙동강
오후 세 시
오솔길을 말없이
걸어간다

빛을 껴안고
황홀한 순간
있는 듯 없는 듯
나를 잊고
오솔길을 끝없이
걸어간다

절정을 넘어선
겨울바람
은빛 물감을 풀어놓고
춤추는 억새꽃
넋을 잃고 바라보는
마음,
모든 것은 그대의 얼굴
그대가 눈부시다

나도 모르게

나도 모르게
내 안에서
불쑥불쑥
솟아오르는 피,
날카로운 비수처럼
내 심장을 노려보는
눈

이게 뭘까
무리수를 던지는
붉은 피,
아무 일 없는 것처럼
날마다 아침 해는 떠오르고
잠잠해지는 수평선
뻥 뚫린 사진
한 컷,

내가 누구인지
소리쳐 보지만
대답 없는 메아리
산속을 헤매는 메아리

섬

내 안에 있는 섬
가보고 싶어 애태우며
아슬아슬하게 내딛는
한 발

은근하게
아름답게
간절하게
언제쯤 다다를 수 있을까
그 벽,
와르르 허물 수 없는
찌릿한 미소
일회용 휴지처럼 녹아내리는
촉촉한 신비
웃으며 지나갈까
울면서 초대할까
내 안에서 고고하게
살고 있는 섬

유월이 오면

아카시아 꽃향기는
어디로 날아가 버리고
느끼한 밤꽃 냄새

거부할 수 없는 유혹
살며시
내 깊은 살 속으로
스며드는 밀물

산다는 것
모두 거기서 거기라지만
뜨겁게 맞이하면
차디찬 냉가슴도
여름꽃이 되어
활활 불타오를지도 몰라

비 온 뒤

비 온 뒤
가슴 아리도록
신선한 아침

지난밤
새롭게 혈관을 채운
나무들처럼
맑아진 혈관

며칠 전 눈물마저도
새롭게 태어나
세상 모두를 포용할 것처럼
커진 마음

아, 나뭇가지에 숨어 우는
어린 새처럼
새하얗게 울고 싶어라

산

꽃들이 피고 지고
나무와 잡초와
미물들
새들의 품
구름과 비의 품

때론 통곡하는 태풍을
끌어안고
눈물이 되는
계곡

태초의 약속대로
깊고 넓은 우주에
우뚝 서 있는
따스한 모체여

벅찬 만남
– 존경하는 선생님을 생각하며

신의 인도였을까,
몇 편의 시를 쓰면서 방황하던 끝에
정작 시의 문을 열게 해준
벅찬 만남

과녁을 향해
똑바로 날아가는 화살처럼
평생 총총히 외길 가는 모습

냉철한 의지로 피워내는 꽃들과
비수처럼 빛나는 사유로 빚어내는
주옥같은 언어

대쪽 같은 신념으로 피워내는
뜨거운 삶으로
끊임없는 자기반성 적인 실천으로
용서하고 포용하는 인품이
너무 고고하여 눈이 시리다

닮고 싶다

4부

오월에는

오, 어쩌면 좋아
꽃비 맞으며

장미 가시에 찔려
먼 길 떠나더라도

향기로운 오월에는
안녕이라
말하지 마시라

바람이여

잠든 나를
눈 뜨게 한
첫 만남
꿈인 듯
별이 되고
달이 되고

꽃이 되어
영혼을 매만지다
탱탱한 속살
짐시 불질러 놓고
흔들리다
흔들리다
숨죽이는
매서운 바람이여

너를 안고
갈대밭에서
울고 싶어라

사랑이여

빨강, 노랑, 파랑,
순백의 살을 태우던
사랑이여,

마음 둘 곳 없어
원색 탐욕을 손에 쥐고
거울 앞에서
마네킹이 되어
삶의 물살이
소용돌이 칠 때
나를 지탱해 주던
너는 어디로 가고
텅 빈 들녘에
쇠 울음소리만 들리네

소나기

삼복더위에
허공을 휘젓는
태풍이
신들린 듯
산을 울리고
숲을 울리고
한바탕
난타를 치고 간다
바람의 옷을 입고
여름이 후끈
달아오른다

산다는 것은
눈물마저 태우고
주룩주룩 쏟아붓고 가는
한줄기 소나기

촛불

제 몸이
다 타는 줄 모르고

어둠을 밝혀 주는
촛불

사랑이다

친구

빙글빙글
돌고 도는 세상
안녕,
첫인사가 반가운 너
정말이지
아파할 때
한걸음에 달려와
속내
거울처럼 들여다보고
토닥토닥 달래주는
때론
환희의 몸짓에
어쩔 줄 몰라
살포시 안아주는
그런 친구
내 일생이 되리

선물 2

이 상쾌한 아침을
누구에게 보내 줄까,

산의 정기와
흙냄새
꽃의 향기를
너에게 보내 준다면
너 새의 말로
노래할 수 있을까,

만약
너는 너의 말 만하고
나는 나의 말만 한다면
바람두
꽃도
새도
멀리 날아가 버릴지도
몰라

독백

혼자 가는 길에서
겨울 강을 건너는
가벼운 발걸음이
짐승의 피로
성벽을 넘어서
혼자 걸어갈 수 있을지

그래,
내 마음은 회귀 종
건강은 중고
나이는 참을 수 없는 고문
괜찮아,
자유로운 영혼이
아이가 되어
앞만 보고 가다 보면
신비로운 풍경이
보일 수 있을 거야

꿈이야

오늘도 꿈인 줄 모르고
멈추지 않는
춤사위

계절은 무심히 흐르고
야생의 언덕에서
비틀거리며
마음대로 휘날리는 이 바람
어쩌면 좋아

아직도 꿈꾸고 있는가,

언제 떠날지 모르는
여행길에서
이제 몇 번이나 봄날이 올까
봄바람이 불어오면
다시 꽃으로 피어날 수 있을까

산딸기

오월이
물오른 풀밭에서
숨박꼭질을 하며
몰래
따 먹은 산딸기
가시에 찔려
붉은 피 낭자하게
흘러도
얼마나 달콤한지

여름 산사

내원사
여름 산문은 열려있다

신선한 초록빛
단아한 풍경 안에
이름 모를 새들
졸졸 흐르는 계속 물소리에
나를 잊고
산문 앞에 선다

사람들이 오가는 길목
수국이 먼저 반기고
비구니 승이 묵례를 올린다
서둘러 고개 숙이고
찌든 때를 산사에 묻혀놓고
돌아서는데
먼 산 돌부쳐가 내려다 본다

겨울 산사

겨울비 내리는 산사
계곡 깊은 물소리에
아침이 깨어난다

새들은 어디로 갔나
사람이 두고 간 발자국 위에
쌓여가는 낙엽
나뭇가지 끝에
맺힌 빗방울이
세상사 잊어가는 눈물일까

굵은 빗줄기
온몸으로 맞으며
눈을 감고 있는 바위
기도를 하는지
대웅전 고운 불빛이
동안거에 든 나무를
비추어 준다

보일 듯 말 듯
보이지 않는 세계
끝없는 마음
거기에 두고 산사를
내려간다

모난 돌

겨울비 내리는 창안에
느닷없이 날아온 돌
누구나
하나쯤 안고 산다지만
가슴에 꽂혀
피멍이 들까봐
개울물에 발 담그고
친구가 되어
쓰다듬고 어루만지면
어느 순간
동근 돌이 되어
청정한 바다로 나갈까

여기에서

거기 가는 곳마다
어딘지
알 수 없어도
움켜쥔 손 쫙 펴고
별빛 너머
하늘을 바라보며
봄,
여름, 가을, 겨울을
노래 부르다
갈바람 스치면
낙엽처럼 떨어져
뒹굴다
세상 소리 지우고
안개 속으로 사라지는

이 또한 지나가리

첫날

아이야,
새날이 온다

눈보다 하얗게
빛보다 눈부시게

비상하는 첫날

탄생

세상에서
가장 아름다운
순간,

한 알의 씨앗이
꿈틀거리며
어둠에서 깨어나는
순간,

빛이 얼마나
그리웠으면

앞다투어 태어나는
아우성

초롱초롱한 눈망울로
푸른 하늘과
눈 맞춤하는
순간,

빛이 생명을
맞이한다

너는 누구인가
- 2017년 다대포 바다 비엔날레미술제 설치모형 물(해골) 앞에서

바다축제가 끝나고
모래 위에 둔 해골
어디서 온 별똥일까
번뇌가 사라진 눈동자
수천 가지 색채가
내 안에서 출렁인다

너와 나
다른 옷을 입고
밀물 썰물 경계에서
부서지고 부서지며
윤회하는 파도를 본다
기쁘고 슬픈 생을 노래하는
바다가 환승역일까,

천국에 닿을 듯
드높은 곳을 향해
환호성인 무의식이여
이 세상이 붉은 꽃밭인지

너는 거기에서
나는 여기에서
태어난 것으로 반짝인다

침묵하는 너는 누구인가

선물인데

한곳에
머물지 않는
새야,

무엇을 찾아
넌
허공을
나는가

오늘이 선물인데

검버섯 꽃

비가 지나가고
바람이 지나가고
벌레 먹은 인고의
세월이 지나간 자리

파란 하늘이 보이고
흰 구름이 보이고
꿈이 보이는
한 폭의 그림인데

누가 죽어가는
꽃이라 했나

할미꽃

파란 하늘 아래
가장 낮은 몸으로
있는 듯 없는 듯
고개 숙이고
산다는 것
그리 쉬운 일 아닐 것

노을빛으로
가장 추운 곳에서
그리움 접은 채
잊힌 얼굴로
산다는 것,
그리 쉬운 일 아닐 것

가장 어두운 곳에서
꽃으로 산다는 것
도대체 왜인가요

삶

가장 높은 산
외줄 타기

수심 같은 바다
파도 타기

허공에 던져진
적막강산

누가
여기에 풀어 놓았나

마른 꽃 지듯

바람도 숨죽인 산 아래
요양원,
막바지 산 능선을 넘어가는
목숨 앞에서
고요가 살 속으로 파고든다

열려있는 문
사랑이 머무는 곳일까
나는 그 앞에 서 있다
흥건히 고여 있는 눈물
죽어도 잊지 못할
자식 사랑을
여기까지 끌고 왔나 보다
앉지도 서지도 못하는
창 안의 슬픔이
얼마나 더 가벼워져야
저 산을 넘을 수 있을까

말 없는 사이에
마른 꽃 지듯
누군가 눈을 감는다

나무야

가을비가 깊은 뿌리로
가는 길이라면
잎 다 떨어져도 서럽지 않아

나무야,
살랑대는 바람이 내 등을
떠미는 가시덩굴 속에서
죽은 듯 움츠린 뜨거운 몸
달콤한 걱정은 폭풍이야
방황은 뼈 속 깊은 통증이야

나무야,
뿌리에서 우듬지까지
순수를 찾아가는
길목에서
쉽게 흔들리는
내 이름을 불러주면
잃어버린
나를 만날 수 있을까

물안개 피어오르는 아침
너와내가 하나이네

해설

시공을 넘나드는
외로움과 고독의 페이소스

시공을 넘나드는 외로움과 고독의 페이소스

박 정 선

(소설가, 시인, 문학평론가)

1

외로움, 고독이라는 말은 문학에서(세익스피어의 「코리올리누스」) 가장 먼저 사용되었으며 문학의 바탕을 이룬다. 외로움이나 고독은 인간의 근본적인 정서를 이루고 있기 때문이다. 홍 시인의 이번 시집 역시 외로움과 고독이 근간을 이루고 있다. 그리고 첫 시집『단, 11 초』처럼 두 번째 시집에서도 홍 시인의 직관은 역시 예리하게 작용하고 있다. 이번에 내놓은 홍 시인의 시는 그가 시를 찾아다니는 것이 아니라 작품『그냥 쓴다』처럼 시가 그를 찾아온 것으로 보인다. '그냥 쓴다'는 것은 차오르는 영감을 어떤 규격에 맞추지 않고 쓴다는 말이다. 즉 흐르는 물처럼 흘러나오는 대로 쓴다는 것이다.

그러나 흐르는 물도 그냥 흐르는 것이 결코 아니다. 따라서 '그냥 쓴다'라고 말할 수 있는 것은 오히려 평소 축적된 시적 깊이를 보여준 것이다. 달리말하면 단숨에 획을 긋는 시라고 할 수 있는데, 윤동주의 「쉽게 쓰여진 시」를 떠오르게 하는 이 말은 그만큼 깊은 번민으로 고뇌했음을 말해준다. 이렇게 물 흐르듯 그냥 쓴다는 홍 시인의 두 번째 시집 『어디로 가고 있다』는 외로움과 고독에 대한 깊은 통찰이 담겨 있는 탓에 독법이 수월하지 않다. 조금 적극적으로 말하자면 시에 나타난 외로움과 고독은 일종의 센티멘탈리즘으로 아직 만나지 못한 만남을 갈증나게 그리워하고 있다. 그러니까 상실해 버린 만남, 혹은 성취하지 못한 만남을 추구하는 목마름이 마치 물을 찾아 헤매는 사슴처럼 그리움으로 표출된 것이다.

따라서 80여 편을 담고 있는 이번 시집은 첫 작품 「가벼운 생각이여」를 시작으로 「너에게」, 「말할 걸 그랬어」, 「그리운 건 멀리 있나 봐」, 「그 얼굴」 「그냥 쓴다」, 「어디로 갈까」, 등등은 화자의 내면을 매우 깊숙이 파고 들어가는 묵상 시의 형태를 취하면서 홍 시인 특유의 깊은 사색을 보여준다. 이 가운데 제1부에 집중되어 있는 작품군과 제2부 「가까이 있어도 멀리 있는 너」, 「마음을 열면』, 「별은 하늘에서 뜨지 않는다」 등등은 특히 남편과 사별 이후 홀로 남은 외로움과 고독에 대한 고백이 중심을 이루고 있다. 제3부와 4부 역시 일

관되게 고독을 노래하지만 대상이 1부와 2부와는 달리 객관화 되어 있다. 그러나 작품 전반에 걸쳐 외로움, 또는 고독이라는 주제가 모두에서 언급한 대로 마치 물 흐르듯 일관되게 흐르고 있다. 다만 주제의 농도가 순서를 정한 것처럼 순차대로 점점 넓게 확산 되어 가는 점층적인 양상을 보인다.

먼저 제1부에서는 사별에 대한 아픔과 그리움을 담아낸다. 인간은 어떤 모양으로든 외롭고 고독한 존재이다. 따라서 인간은 누구나 각자의 개체로서 존재하며 고독하게 죽어간다. 개체와 개체 사이에는 뛰어넘을 수 없는 심연이 가로놓여있기 때문이다. 또한 인간에게 가장 확실한 것은 언젠가는 죽는다는 사실이다. 그것은 신의 일방적인 약속이며 인간은 거부할 수가 없다. 따라서 시인은 이것을 저항없이 받아들이면서 사유를 통해 모든 것을 승화해가려는 의지를 보여준다. 인간은 사회적 동물이라는 말대로 결코 독단으로 살 수가 없는 존재이므로 가족을 만들게 되어있고 집단을 만들게 되어있다. 그렇게 어울려 살다가 어디론가 각자 가야만 하는 현실을 시인은 "만지지 못해/ 애대우는/ 너무나 먼 곳에 있어/ 더 그리운"(「멀리 있는 별」) 마음으로 아픔을 풀어낸다.

2

"사방 어두운 창 밖/ 수많은 새들이/ 사랑해,/ 사랑해 속삭이다가/ 가랑비에 덧없이/ 사라지네"(「가까이 있어도 멀리 있는 너」)라는 독백처럼 홍 시인의 작품 전편은 고독의 노래로 채워져 있다. 한평생을 함께 살아온 배우자와의 이별은 어쩔 수 없이 허무를 불러오게 마련이다. 표제어 "어디로 가고 있다"는 한 줄 문장만으로도 허무의 깊이와 범위를 가늠하기 어려울 정도로 깊고 넓은 시공을 보여주고 있다. '어디'는 공간적 요소인 장소가 아니라 시공간 성이기 때문이다. 시공간은 시간과 시간이 갖는 무형의 공간을 함의하는바, 시간은 인간의 의지대로 정해질 수 없는 영역이기도 하지만 알 수 없는 영역이기도 하다. 일찍이 '시간이란 도대체 무엇이며 어떻게 확인할 수 있는가' 하는 문제는 이해하기 어려운 수수께끼로 철학자들은 수많은 고민에 시달려야 했다. 사람은 똑같은 강물에 발을 두 번 담글 수는 없다(헤라클레이토스). 흐르는 물이 똑같을 수가 없기 때문이다. 지금 당장, 이 순간은 늘 과거가 되기 때문이다. 따라서 아리스토텔레스는 이것을 도무지 알 수 없는 시간의 아포리아라고 불렀다. 그러면서 아리스토텔레스는 인간이 존재하지 않으면 움직임은 있어도 시간은 없다고 했다. 인간을 제외하고는 시간은 존재하지 않는다는 것이다.

그렇다 시간이라는 시공은 인간을 위대하게도, 허무하게도 만든다. 그런데 놀랍게도 홍 시인은 「어디로 가고 있다」에서 이러한 시간을 포함한 시공을 표출해 낸 것이다. '어디로 가고 있다'라는 문장은 두 가지 의미를 함축하고 있다. 주체자의 의지와 비 의지에 따라 목적이 있는 '어디'와 목적이 없는 '어디'이다. 화자는 자신의 의지를 떠나 "나도 모르게/ 바람 따라/ 어디로 가고 있다"는 고백처럼 목적이 없는 어디로 향하고 있다. 이는 화자도 알 수 없는 시공간의 아포리아로 이별에 대한 허무와 외로움과 고독을 한층 더 고조시킨다. 그러나 시인은 「안개」에서 "내가 가는 길은/ 너와 나/ 간격을 좁히는 일"이라고 실토하면서 "먹구름이 가로막으면 / 신나게 노래 부르며/ 가면 돼 / 가다 보면/ 서서히 안개 사라지고 / 어느 종점에서 만날 수 있으리니"라는 소망을 피력한다.

나도 모르게
바람 따라
어디로 가고 있다

너를 잊은 채
하늘을 보며
어디로 가고 있다

나를 만나러 달나라 별나라

어디로 가고 있다

너를 만나러
빛을 향해
어디로 가고 있다

-「어디로 가고 있다」 전문

내가 가는 길은
너와 나
간격을 좁히는

수십 리 밖을 떠돌다
오지 않는 봄을 기다리며
겨울이 가는 줄도 모르고
통증을 감내하며
좁히지도 못하고
쓰러져 잔다

이제
먹구름이 가로막으면
신나게 노래 부르며
가면 돼
가다 보면
서서히 안개 사라지고
어느 종점에서 만날 수 있으리니

-「안개」 전문

"너를 잊은 채 /하늘을 보며 / 어디로 가고 있다"(「안개」)는 반어이다. 그리운 대상을 향해 애타는 심정을 감추고 시치미를 떼고 하늘을 보며 어디로 가고 있음은 더 강한 그리움을 창출하고 있다. 뿐만 아니라 "먹구름이 가로막으면, 신나게 노래 부르며 가면 돼, 가다보면 서서히 안개 사라진다"는 자기 위로를 덧붙이며 가는 길은 그만큼 대상에 대한 염원이 강하다는 것을 의미한다. 또한 「어디로 가고 있다」의 "나를 만나러 달나라 별나라/ 어디로 가고 있다 / 너를 만나러 / 빛을 향해 어디로 가고 있다"에서. 나를 만나러 달나라 별나라 어디로 간다는 것은 도달할 수 없는 시공간을 의미한다. 그리고 '너'가 아니라 '나'를 만나러 간다는 것은 존재에 대한 확인이다.

존재는 곧 '있다'에서 출발한다. 그리고 '있다'고 말할 수 있는 것은 오직 사유하는 것뿐이라고 데카르트는 말한다. 유명한 코기토 "나는 생각한다. 그러므로 나는 존재한다"에서 보여주듯이 데카르트는 '사유하는 정신'을 그 근거로 삼는다. 그리고 사유는 지각을 의미한다. 따라서 인간이 외롭다는 것은 자기 존재에 대하여 지각될 때 발생하는 감정으로, 주로 혼자 있을 때 발현하게 마련이다. 그러나 다시 '너를 만나러 빛을 향해 어디로 가고 있다'는 고백을 잘 생각해보면, 내가 가는 곳은 시공간성인 달나라 별나라 이며, 너를 만나기 위해서는 빛을 향해 가는 것이다. 빛은 인간이 가장 가까이 느끼는 현상으로서 어디에서나 언제나 느낄 수 있는 일이다. 따라서 그리운 '너'에게 다가가기를 열망하는 심리를 빛으로 승화해낸 것이다.

3

사별의 아픔은 과연 어떤 것일까, 「너에게」는 시한부 생명을 붙들고 고통을 당하는 배우자를 바라보는 화자의 심정이 잘 그려져 있는 작품이다. 사랑하는 사람이 최후의 몸부림을 치는 상황을 바라보아야 하는 것 역시 고통이다. 하루하루 다가오는 죽음 앞에서 인간이 할 수 있는 일은 공포에 떠는 것뿐이다. 인간이 죽음이라는 최후에 직면했을 때 공포에 떠는 것은 선험적인 인식 탓이다. 죽으면 다시는 살던 곳으로 돌아올 수 없다는 것, 다시는 가족들을 만날 수 없다는 것 때문에 한 번도 가보지 않았던 죽음의 세계를 두려워한 것이다.

「너에게」는 16행, 76행으로 된 장시로 생명에 대한 통찰이 매우 섬세하고 예리하게 묘사되어 있다. 사랑하는 사람을 보내야 하는 고통이 매우 구구절절하다. 화자는 그렇게 고통 속에 떠난 배우자에 대한 그리움을 시로 풀어낸다. "시의 등불을 밝히고/ 누구를 용서 못하면/ 병이 될까 두려워/ 골 깊은 응어리는/ 하얗게 풀어헤치고/ 훨훨 날아볼까 싶어/ 시로 풀었어"라고 한다.

시로 그리움을 달래겠다고 하는 것은 실은 고통을 이기는 방법이다. 물론 화자는 고통을 이기기 위해서가 아니라 그리움이 불러낸 고독과 외로움이 흘러넘쳐서 시가 된 것이다. 그러나 시로 푸는 행위는 카타르시스를 불러일으킬 수 있다. 여기서 카타르시스는 일반적으로 알려진 정화를 도와주는 것이라기보다는 가다머(H. G. Gadamer)가 지적했듯이 근원적인 존재와 일체를 이루는 경험의 여운이다. '존재하는 것과 자기 사이를 떼어 놓는 모든 것에서의 해방'을 의미하는 근원적인 체험이라는 것인데, 이 말을 여기에 적용해보면, 배우자에 대한 그리움은 지난날 함께 해온 모든 경험에 대한 추억이며 그 추억이 재생되면서 시를 쓰는 행위로 몰아가는 것이다. 그리고 시를 쓰는 동안 시인은 그때를 반추하면서 다시 슬퍼지게 되는 것을 되풀이하게 된다. 그러나 그런 행위가 자꾸 거듭되다 보면 차츰 고통에서 해방되는 것이다.

> 말없이 시켜주고 떠난/ 너에게 쓰네
> 바람을 안고 / 추운 나무들의 울음을 안고
> 너에게 쓰네
>
> 난 알아, / 마지막 이별이 두려운 너
> 하루라도 더 살기 위한 몸부림
> 보는 것만으로도 / 가슴 찢기는 고통,
> 눈물도 말라버렸어

미안해, / 난 지금 웃고 있어
왜 웃어야 하는지 몰라

말 한마디 못하고 떠나버린 / 사람아,
잊을 수 없는 사람아, / 그리 급했니,
(…)
가슴 숭숭 뚫린 구멍으로 / 낯선 바람이 들어오는 밤
시의 등불을 밝히고
(…)
시로 풀었어
(…)

-「너에게」 중에서

너에게 보내는 메시지 형식으로 쓴 시 「너에게」는 다시 「처음처럼 닮아가고 있었네」로 이어진다. 부부라고 하여 한 평생 살면서 마냥 행복하고 다정할 수만은 없는 일이다. 오히려 가장 가까운 탓에 더 자주 갈등할 수 있고 미워할 수도 있다. "한 곳을 바라보면서도/ 서로 다은 생각으로/ 흔들리다가/ 서성이다가/"(「처음처럼 닮아가고 있었네」)에서처럼 맨처음 남남끼리 만나 부부가 되는 과정은 평생 한곳만 바라보며 똑같은 생각을 하면서 살아간다는 믿음에 전혀 의심이 없는 때이다. 그러나 시인은 서로 다른 생각으로 흔들리다가 서싱인다고 말한다. 어느 한쪽이 한눈을 팔거나 다른 생각을 할 때 다른 한쪽은 절망을 이기지 못해 서성일 수가 있다. 그러나 "물방울이 / 꽃잎에 닿을 듯" 둘이 다시 나란히 걸어가게 되고, "번민마져도 밉지 않으니 / 처음처럼 닮아가고 있었네"라고 고백하듯이 처음으로 돌아가는 회복을 보여준다.

그렇게 살아온 배우자에 대한 상실의 시공간, 부재의 시공간은 처처에서 나타난다. "빈 침대 바다처럼 넓다"(「가벼운 생각이여」), "화단에 / 두고 간 군자란/ 어둠에 싸인/ 숨소리 먹먹하다"(「선물」) 등에서 화자는 배우자의 흔적을 더듬으며 시인은 「말할 걸 그랬어」에서 말하지 못했던 말, 사랑한다는 말을 하지 못했던 것을 후회한다. 「말할 걸 그랬어」의 마지막 연 "그리운 건 나중에 말하나 봐"는 보기드문 아포리즘으로서 깊은 여운을 남긴다.

너에게 말할 걸 그랬어

입안에 오물거리며
아끼고 아낀 말
보고 싶어

때 늦은 눈물 흘리는

맑고 빛나는 그 말
이제 알았어

말하고 나면
저 멀리 날아갈 것 같은

그 사랑
가슴에 심어줄 걸 그랬어

그리운 건 나중에 말하나 봐(밑줄 인용자)

-「말할 걸 그랬어」 전문

시인은 언제나 소외된 자신을 느낀다. 이러한 정황은 「가까이 있어도 멀리 있는 너」를 비롯하여 "꽃밭에서/ 너를 만나면/ 무슨 말을 할까/ 어디로 갈가/ 어디서 머무를까"(「끝이 없는 길」), "나는 매미처럼 가슴을/ 불 지르고/ 누구를/ 사랑한 적 있나"(「나는 누구일까」)라고 독백하기도 하며 어디로 가야 할지 몰라 "반복되는 초침은/ 터널 안에 갇혀 있다"(「어디로 갈까」)는 고백을 실토한다.

따라서 「소외된 공간」에서 '나'는 있으되 '너'는 없는 세상, "세상에서 가장 낮은 천막집"은 홀로 남은 고독을 강이 보이는 커피숍을 통해 매우 절실하게 보여주고 있다. 강이 보이는 커피숍은 일반적으로 낭만적 풍경으로 인식하고 있고, 강이 보이는 커피숍에는 의례 혼자 앉아 있는 고독함을 암시하기도 한다. 그것을 우리는 일명 낭만적 분위기로 인식하고 있다.

그렇다면 「소외된 공간」 역시 그런 낭만적 분위기로 이해해야 할까, 화자는 강이 보이는 커피숍에 앉아 세상에서 가장 낮아보인 어느 천막집을 바라보고 있는 것이 아니라 그 안에 자신을 가두고 있다. 물론 이 천막집은 사실이어도 좋고 가상의 세계여도 좋다. 시인의 눈은 이미 홀로이며 거대한 빌딩조차도 세상에서 가장 낮은 천막집으로 보일 수밖에 없기 때문이다. 더욱이 거기에는 '아픔'이 존재하고 있다. 이 외에도 "나는 매미처럼 가슴을/ 불 지르고/ 누구를/ 사랑한 적 있나"(「나는 누구일까」)라고 독백하기도 하며, 외로움과 고독과 그리움이 매우 강하게 응집되어 있다.

낙동강이 보이는
커피숍에 앉아
세상에서
가장 낮은
천막집을 보네

누가 사는지
얼마나 아팠을까

해기 기울고
지붕이 기울고
어둠에 갇힌 창
더덕더덕
눈물로 얽힌 지붕 사이로
바람이 지나가고
빗물이 스며드네
(…)

-「소외된 공간」 중에서

4

라이너 마리아 릴케는 "그대의 고독을 사랑하고 고독이 그대에게 온당한 슬픔으로 불러일으킨 고통마저도 참아내십시오"라고 했는데 홍 시인의 시에서 고독이 가져다주는 고통을 간과해서는 안 된다. 홍 시인의 시 80여 편은 전반적으로 고독의 모티프가 중심을 이루고 있으며 여기에는 고독이 낳는 고통이 존재한다. 그러나 시인은 릴케의 당부처럼 고독이 창출하는 고통을 마치 분신처럼 사랑하고 있다. 그러므로 홍 시인은 고독을 즐긴다고 말할 수 있는데, 마치 깊은 샘에서 솟아나는 샘물처럼 홍 시인의 이번 작품은 대상을 향한 스스로의 독백을 통해 외로움과 고독에 대한 페이소스를 빚어낸 까닭이다. 편편마다 그의 시선은 시공간에 포커스가 맞추어져 있다. 이미 첫 시집에서 보여준 대로 그것은 세계적인 우주관이 그의 내부에 잠재되어 있으며 시적 스케일이 넓고 깊다는 것을 말해준다.

모두에서 언급했듯이 인간이 가족을 이루어 산다 하여도 인간은 각각 하나로 분리된 개개인이다. 가족이라는 공동체도 엄연히 타자이다. 일반적으로 타인(가족을 포함한 모든 사람)과 함께 보내는 시간이 혼자 보내는 시간보다 만족도가 높다고 하지만 여기에는 개인차가 있다. 다만 부부는 살을 밀착한 가장 가까운 타자이다. 자식 역시 부부가 낳은 엄연한 타자이다. 마치 아메바가 제 몸을 분리하여 또 다른 개체로 나누어지듯이 자식은 그렇게 부모로부터 분리되어 사회를 만들어나가는 존재일 뿐이다. 부부는 나이를 먹어갈수록 서로의 약함을 보완해주기를 원하면서 더 가까워지게 마련이다. 그런데 인간은 천재지변이나 불의의 사고가 아니고는 한날한시에 함께 생을 마감하기는 어렵다. 그래서 누군가 먼저 세상을 떠나게 되고 한쪽이 남게 된다. 그리고 남은 쪽은 이별의 슬픔을 감당해야만 한다.

사실 시는 이것이다 저것이다라고 해석할 수가 없으며 그래서도 안 된다. 모든 문학 언어 가운데 시는 다의성을 갖는 탓에 무한하게 열려있고 독자의 심안에 따라 다각도로 의미를 갖는 것이 시의 특권이기도 하다. 또 홍 시인의 시는 인간의 근원적인 문제로 쳐들어간 탓에 해석이 단순해서는 안된다. 그럼에도 이번 시집에서는 포커스가 자꾸 이별에 대한 고독과 외로움에 맞추어 졌다. 그러니까 이별에 대한 틀을 벗어나 조금 더 포괄적인 고독의 세계를 헤쳐보고 싶었던 것과 달리 그의 배우자와 사별에 포커스가 맞추어진 것이다. 아무래도 배우자를 보내고 난 이후 내는 시집이기 때문일 것이다.

어떻든 이별이 창출하는 외로움과 고독의 페이소스는 독자들에게 공감을 얻을 수밖에 없다. 인간은 누구나 고독하기 때문이다. 2004년 "뉴오커"에 게재되어 유명해진 한 개 카툰을 기억할 필요가 있다. 그 카툰에는 어떤 노점 상인이 "눈한 번 맞추는데 1달러"라는 팻말을 들고 수많은 뉴욕 시민들이 오가는 거리에 서 있었다. 그것은 눈 한 번 맞추는 것만으로도 기분을 전환할 수 있기 때문이다.

우리는 종종 어떤 일로 기분이 매우 울적하거나 슬플 때 기분전환이 필요하다고 말한다. 모든 것은 안정이 되지 않는 상태의 감정 때문이다. 인간은 감정의 동물이라는 말대로 현존하는 기분에 따라 마음이 움직이는 동물인 만큼 기분을 벗어날 수가 없다. 키에르케고르는 불안한 기분을 '인간이 자신의 가능성에 대한 바닥을 들여다볼 때 느끼는 현기증'이라고 표현했다. 현기증은 곧 '바닥'에 접해있는 상태를 말한다. 따라서 그런 기분을 전환하지 않으면 안 된다.

다행히 시인은 시로 이별의 아픔을 써 내려 간다. 시인이 고통을 시로 변용하는 것은 희망을 의미한다. 그것은 시인 스스로 고통을 희망으로 승화해가는 과정이다. 그러나 시인이 고통을 시로 쓰지 못했을 때 그것은 절망이다. 그런즉 자꾸 외로움과 고독을 노래해야 한다. 외로움이, 고독이, 고갈되도록 노래 불러야 한다. 그것은 곧 나의 존재(있다)를 증명해주는 일이며 현재를 증명하는 일이기 때문이다. 그렇게 시간을 보낸 다음이라야 새살이 돋아나는 법이다. 머지않아 홍 시인에게 새로운 변화가 찾아오기를 기대한다. 그리고 세 번째 시집은 혹은 어떤 저작물은 기운찬 세계에 대한 도전이기를 빈다.

어디로 가고 있다

초판1쇄 발행 2020년 7월 30일

지은이 홍희숙
펴낸이 이길안
펴낸곳 세종출판사

주소 부산광역시 중구 흑교로 71번길 12 (보수동2가)
전화 051－463－5898, 253－2213~5
팩스 051－248－4880
전자우편 sjpl5898@daum.net
출판등록 제02-01-96

ISBN 979-11-5979-368-4 03810

정가 10,000원

이 도서의 국립중앙도서관 출판예정도서목록(CIP)은 서지정보유통지원시스템 홈페이지(http://seoji.nl.go.kr)와 국가자료공동목록시스템(http://www.nl.go.kr/kolisnet)에서 이용하실 수 있습니다. (CIP제어번호: CIP2020029813)